김어영 시집

머위 잎 속의 식구들

김어영 시집
머위 잎 속의 식구들

1 쇄 발 행　　2024년 09월 20일

지 은 이　　김어영
펴 낸 이　　박숙현
주　　간　　김종경
편　　집　　이미상
펴 낸 곳　　도서출판 별꽃
출 판 등 록　　2022년 12월 13일/제 562-2022-22130호
주　　소　　경기도 용인시 처인구 지삼로 590 CMC빌딩 307호
전　　화　　031-336-8585
팩　　스　　031-336-3132
E - m a i l　　booksry@naver.com

ⓒ김어영, 2024

ISBN / 979-11-94112-06-8

· 이 책은 용인특례시, 용인문화재단의 2024년도 문화예술공모지원사업을 지원받아 발간 제작되었습니다.
· 이 책의 일부 또는 전부를 재사용하려면 저작권자와 「도서출판 별꽃」의 동의를 얻어야 합니다.
· 잘못된 책은 구입한 곳에서 바꿔드립니다.

머위 잎 속의 식구들

김어영

별꽃

목차

1부
숲이 흔들린다

머위 잎 속의 식구들   10
드라마   12
손녀의 문병   14
밀물   15
섞어찌개   16
사진 한 장   17
침묵   20
천장   22
파스   24
영혼의 굴뚝   26
녹스는 말   28
길 안내   30
폭소   31
이맘때   32
도랑 물소리   33

2부
그녀의 눈을 슬쩍 바라본다

가을 기도　36
물음표　38
생일　40
거미와 사마귀　41
느티나무　42
모텔　44
기다림　45
긴 하루　46
새 길　48
친구　49
태풍　50
은행잎　51
알전구　52
엉거주춤　54
쌀자루 의자　55

3부
그때가 언제일지 나는 모른다

싸락눈 58

지렁이 59

바다 60

망상 62

화 풀기 63

네 걱정이나 해라 64

은행나무 66

나는 모른다 67

깨달음 68

기지개 69

귀향길 70

노인이 젊어지는 길 72

추수 74

질투 76

옷 78

짝꿍 79

4부
문을 여니 봄이 왔다

유허비　82

비단 주머니　84

운전면허증　86

운전수 양반　88

우연한 일치　89

영역　90

안부　92

영종도　94

아이러니　95

솥뚜껑 손　96

속죄　97

봄　99

봇뜰 이야기　100

새우젓　101

민들레　102

1부

숲이 흔들린다

머위 잎 속의 식구들

아내가 시골에서 머위 잎을 가져왔다
늦은 점심에 삶아주며 먹으란다
머위 쌈을 펼치니 옛날
아녀자가 두르던 열두 폭 치마다

가운데에는 어버이가 좌우에는 자녀가 둘러 있고
그 밑으로 손자들까지 퍼져 있다
옹알이하던 밥알을 한 숟갈 올려놓고
한 방에 득실거리던 체취의 된장을 얹어놓는다

늘 맑게 살라는 가훈과 함께
어버이를 깊숙이 모시고
아들딸을 접으며 마지막으로
세상을 들어 올릴 손자들로 여민다

한 생애를 살아온 삶을
입에 넣으려고 쳐드니 뭉클해
차마 입으로 가져가지 못한다

오월이다

기억도 선명한 어머니의 얼굴이 거기에 있다
소리 없이 씹는데도 아프다 하시는 것 같다
열둘을 키우며 아픔을 안으로만 삭였을 것이다

넌지시 아내의 얼굴을 바라본다

드라마

머리 맞대고 부채꼴로 누워
드라마를 보고 있다
딸이 묻는다
저 사람은 누구고
여자는 어디서 온 거야
응 남편이고 전 아내야

시골에 내려갔다가 주말에 올라오는 아내가
일주일 말미를 얻어
친정엄마를 모셔 온 것이다

거동이 불편하여
바깥출입이 여의찮아서인지
드라마를 꿰차고 있는가 보다

어렸을 때 팔베개로 키웠을
그때가 생각나는지 손을 잡고
정을 주거니 받거니 한다

며느리에게 된장 담그는 것 전수해 준다면서

순서가 잘 맞는지 물어본다던 말은

까맣게 잊어버린 채

아흔의 엄마에게

일흔이 되는 딸이

드라마를 배우고 있다

손녀의 문병

병실에 손녀가 찾아왔다

어디가 아파 누워 있어
가슴이 아프단다
어떻게 하면 나아지는데
응 약 먹고 좋은 공기 마시면 좋아지는데
창문 밖 숲을 멍하니 바라본다

내가 학교에서 배웠는데
할아버지 저 난간에 가서 서 봐
병원 뒤가 다 숲이잖아
나 따라 배가 홀쭉할 때까지 들이마시고
빵빵해질 때까지 길게 내 뿜어봐

할아버지 이제 괜찮아졌지
다 나았으니, 집으로 가자
손녀의 말이 숲으로 들어갔다

숲이 흔들린다

밀물

손녀가 할아버지 등에 손가락으로 쓴다
보리싹 같은 감촉
재미있다는 듯 깊이도 쓴다

할아버지의 등에 혼미가 찾아온다
각질이 무디어진 탓일까
염전의 갈라진 등을 태양이 잠식하고 있다

지난여름 모래 위에 쓰고 지우던
어지러운 마음,
밀물이 가져갔는지 깨끗하다

그새 일 년이 가버렸구나
눈 감으면 가슴에 파도가 밀려온다

섞어찌개

동태탕에
콩나물 김치 나물을 넣었다
잘도 섞여 맛이 있다

영업사원 택시 운전 주차원 청소원
섞어찌개였다
곰삭은

노인 하나 서 있다

사진 한 장

볼 때마다 설렌다
도라산역 이정표 개성
내가 서 있는 착시현상을 일으킨다
마음이 뭉클하며 몸이 뿌듯했다 빠져나가는 느낌
벼 포기가 바람 따라 북으로 쏠리었다, 남으로 흔들린다
휴전선의 벼는 그렇게 익어가나 보다
자연이 무지한 인간을 가르쳐 주고 있다
땅굴 앞 주의 사항에 귀를 곤추세운다
안전모가 천정에 부딪히고 스며있던 땀방울에 옷깃이 젖는다
굴 파던 그들의 모습이 환상으로 돌아온다
곡괭이 날 자국이 비수같이 보이고
구멍들이 총알 자국으로 돌아와
나도 모르게 섬뜩함에 부르르 떤다

철책선을 지나며 갈림이 꿈이 아님을 알려주고
모형물을 가리키는 지휘봉이 남북을 넘나든다
펄럭이는 태극기와 솟구친 인공기가 묘한 감정을

드러나게 한다
　경비병 하나 외로이 서 있는 판문각
　다 보고 있으니, 삿대질이나 큰 소리를 내지 말란다
　회담장 안 북의 대표가 들어온다는 문
　부동의 자세가 믿음직스러우면서도 안타까움은 나만의 느낌일까
　그곳에 서 있는 헌병 옆에서 사진을 찍는다
　영원히 잊을 수 없는 역사의 현장이다

　이념이 무엇이기에 그들은 담을 쌓고 있는가
　몇 마리의 까치가 판문점, 판문각 여기저기를 날아다닌다
　저놈들이 부럽다, 언제쯤 우리는 사진 찍은 문을 내디딜 수 있을까
　아니 판문각이 허물어지는 때는 오긴 오려나
　일촉즉발의 미루나무는 뒤안길로 사라지고
　풀숲에 돌아오지 않는 다리의 초라한 모습이 시야에 어른거린다

남은 것은 벽에 붙어 있는 사진뿐
오늘도 나와 아들 손자 삼대가 보고 있다

침묵

전철 안에 노인들이 많기도 하다
경로석은 말할 것도 없고, 일반석에도 꽉 찼다
한 잔 먹은 젊은이들이 우르르 들어온다

한 젊은이 왜 이리 노인네가 많지
젊은이들 어깨 등허리 성할 날이 없다니까
이러니 코레일이 적자라며 큰소리친다

마음 삭이던 노인 하나 죄송하다며 머리 숙인다
내 구구절절 말하리다
너희 아버지 할아버지가 밑천 투자를 많이 했노라
왜 그러냐고 각자 생각해 보라고
젊은이들 눈초리 놀란 듯 쳐다본다

땅 일구어 너희 가르쳤고
공장에서 매연 마시며 밤새워 일했으며
이국 나라 갱도에서 검은 칠로 세수했고
목숨을 담보로 파병해 싸웠으며
중동의 뙤약볕에서 땀방울로 목욕해 가며 벌어

살기 좋은 나라 만들어 놨구먼

지게질에 허리가 굽어 서지를 못해 지팡이에 의지하고
방구들 지면 못 일어날까 봐
세상이 어찌 돌아가고 변해가나 들러보러 승차했다고

이게 답이네

천장

병실에 누워 있을 때는
빨리 나가 자녀 짐을 덜겠다는 생각으로
걷고 또 걸었다

집에 와 천장을 바라보니
몽상 가득한 머릿속에서
몹쓸 살 한 점 떼어낸 기쁨보다
삽시간에 날린 애들 월급 몇 달 치

무거운 천장이 내 몸을 누른다
몸뚱이뿐인 내가
그럴 수밖에 없지 않았겠냐고
위로하는 척
이제 무엇을 어떻게 할 거냐며
천장이 내게 묻는다

깜박 졸다 눈 뜨면 보이는 천장
왜 그렇게 멀리만 느껴지든지
뭐라 대답하는데

내 말인데도 내가 알아들을 수 없다

파
스

아내가 온몸이 아프다 한다
찜질방에서 지졌다면서,
뭔 소리냐고 물었다
아들딸네로 쉴 참 없으니,
그도 그럴 것
마사지사를 자청해 본다

목덜미로 손을 가져가니 파스가 붙어 있다
옆구리 양쪽에 두 개씩
등을 주무르려니 도배를 했다
이게 다 누구 때문인지 아느냐고 묻는다
새끼들 탓이지 왜,
목구멍까지 차오른 말을 꿀꺽 삼킨다
또 시작이다 싶어
종아리를 더듬는데 예외가 없다

오늘따라 달이 밝다
손끝이 파르르 떨리는데
아내의 속살은 미동이 없다

한 이불로 살았는데 마음을 읽을 수 없다니
마사지사의 허탈한 넋두리다

저러다 파스 수의壽衣 준비하는 건 아닐런지

영혼의 굴뚝

굴뚝에서의 탈출이다

판정관의 갑종 소리와 이름 좋다고 등짝을 때린다
두 번의 귀향 조치 후 세 번째에 논산훈련소에 입소했다
공병학교를 거쳐 원주의 공병단에 배치되었다
훈련에 몸의 무리가 있었는지 TB가 재발 되었다
울적함이 마음을 휘젓고 희망이라는 말을 잃을까 조바심이 난다
121병원에서 마산 육군병원으로 후송되었다

그곳에는 높이를 가늠할 수 없는 굴뚝이 시야를 가렸다
며칠이 지나서야 영혼으로 보내는 곳이란다
몸에 잔털이 일어서고 밥맛이 없어진다
불침번이 없다는 것에 안위를 느낀다
깨끗한 병실에 푹신한 침대 내무반의 침상을 떠올린다
동료의 가족이 올 때면 입이 즐거웠다

  올 사람이 없는 나에겐 실의를 안겨주었고
  철망으로 보이는 아줌마 풀빵이나 실컷 먹고 싶었다

  육 개월의 해이해진 마음을 파도에 밀어 넣고 원대복귀 했다
  건강한 부대원을 보며 언제 아팠는지 모르게
  왼발 왼발 제식훈련과 행군에 기쁨의 큰소리로 군가를 부른다
  햇빛도 구름에서 나와 활짝 웃는다

녹스는 말

자식 덕분에 살아가며
커가는 서운함을 할멈에게 푸념한다
일하지 않고 새경 받는 머슴의 투정이다

어렸을 때 밥상 앞에 앉으면
할아버지는 식불언이라고 못을 박았고
할머니 묻는 말에 듬성듬성 기어드는 대답을 했었다
손자 기죽일까 봐 묘안을 짠 것이다

마음 기댈 곳이라곤 할멈뿐인데
영감이 하는 말 다리 잘 놓아
모임에 들락날락할 주머니 좀 채워 주라는데
미안함은 어디에 두고 말 갖고 살라요
머위 한 잎 말아 입을 틀어막는다

원수 소리 듣기 싫으면
말 버리러 석성산이나 다녀오구려
살이 되는 소린지

뼈가 녹는 말인지
멀뚱히 집을 나선다

길 안내

한의사 친구가 돌아올 수 없는 길을 갔다
한 생전 남의 몸을 진맥했지만
자기 몸은 열외였나, 멍청하긴
이대 목동병원 영전에 문상하고 나오니
보도블록 색깔을 따라 길을 안내한다
금방 염한 친구가 벌써 내 맘을 알아주나
생전에 전화하면 아직 죽지 않았냐고 하더니
먼저 갈려고 길 닦는 연습을 했었네
아픔 없는 곳에서 편히 쉬라고 부의 봉투에 썼다
나도 언제가 될지는 모르나 따라가겠네
오늘 날씨 보니 내일 가는 길도 좋을 것 같네
한데 이제 전화하려면 어디다 해야 할지 모르니
그곳에 가면 어떻다고 전화 주게나
마지막 길 안내 고맙네

폭소

숯가마 앞에 쪼그려 앉는다
불꽃이 꼭짓점을 향해 향기를 쏟아낸다
이글이글 타오르는 빛이 몽롱하게 만든다
어려서 아궁이 앞에 앉아 불을 때면
왜 그리도 따뜻하고 좋든지
그때마다 할머니는 불알 떨어진다고 쫓아내곤 하셨다
심통이 나 입술 내밀고 꾸지람 듣던 시절
할머니의 부지깽이는
장부가 되라는 채찍질이었음을 훗날에야 알았다
저들은 떨어질 것이 없어 오래 앉아 있는가?
나도 모른 푸념에 얼굴을 붉힌다
부끄러움을 털고 일어선다
붙어 있네
할머니를 향해 내밀던 입술 사이로
폭소가 터진다

이맘때

치매가 현관문으로 들어왔다
어머니는 입을 봉했지만, 농간질에 넘어갔다

현관문에 자물통을 매달게 된 건
낭떠러지 같은 계단에서 어머니를 찾았을 때부터다
이층에서의 가파른 층계와 도로 건너까지
궁둥이를 발판 삼아 뭉기어 간 곳
젊은 사람도 오르기가 어렵다는 계단이다

죽음을 거부하거나 부정하지 않았으며
가족이나 믿는 신에게 원망도 하지 않았다
의학으로 연명하려 하지 않았으며
절망의 감정으로 우울함에 빠져들지 않았고
기도로 모든 걸 하나님께 맡겼다
욕창까지 겹쳐 방구들을 벗어날 수 없을 때
손가락으로 벽에 수없이 써 내려가던 문장
자식이 살아갈 십계명이었을까

그때도 개나리가 활짝 폈던 이맘때였다

도랑 물소리

느낌이 전신에 퍼진다
돌도 나뭇가지도 풀도 생기가 있다
옛날 소나기가 쏟아지면
마당 가 도랑물이 넘쳐
되레 마당으로 흐른다
물줄기 따라 올라온 미꾸라지들이
마당에 그림을 그린다
부지런히 주워 담아 닭장에 넣어주고
쇠죽 쑤는데 넣어 소에게 몸 보신시켰다
그때가 떠올라 도랑물에 손을 넣어 풀숲을 헤친다
살아 있는 건 아무것도 없다
밥 한 끼를 굶었다
물소리에 배고픔이 따라가 버렸나,
물 교향곡 따라 나도 따라간다
어느새 소년이 된다

2부

그녀의 눈을 슬쩍 바라본다

가을 기도

가을비가 추적추적 내리던 날
우산을 받치고 걷는데
발 앞에 붉은 잎이 떨어진다
생을 다 했나 보다
노란 잎이 떨어진다
아직 아름다운데 왜일까
가끔 초록 잎이 떨어지기도 한다
무슨 병일까 암이려나
새 주둥이의 장난질일까
나무도 여러 아픔을 안고 있구나
저 잎도 우리네와 다를 게 없는데
장모님은 100세
조물주는 왜 치매를 주었을까
요양보호사 일정 외에
두 딸이 교대로 간병을 한다
아들만 기다리던 마음이 배었는지
늦게 오면 짜증이 폭발
달래고 먹을 것을 드려도 막무가내다
나무와 나뭇잎은 말을 못 해 그런가

둘 다 주어진 삶을 사는데 왜 이리 다를까
오늘도 교회 가는 날
장모님을 위해 사는 날까지 아프지 말고
탈 없이 살다 가시길 빌어본다
내리던 가랑비가 그쳤다
벌써 응답을 보냈나
발걸음이 한결 가벼워진다
새 지저귐이 짝에게 보내는 구애의 소린지 요란하다
나도 짝이 있어 잘 살아왔노라
맞장구를 쳤다
가을 햇빛이 머리로 쏟아진다

물음표

내년에도 올 수 있을까
내 몸에 답 없는 물음표를 찍어본다
노을빛을 배경 삼아 그녀의 눈을 슬쩍 바라본다
시야가 확 트인다
그새 바다는 장판 무늬같이 잔잔하다
엊그제 들어올 때 넘실대던 파도는 굴곡의 삶을 보는 것 같았다

바다가 보고 싶은 마음에 인천 연안부두에 갔다
바로 출항하는 배표를 구해 여객선에 올랐다
지나는 섬들과 눈을 맞추다 덕적도항에 뒤처져 내렸다
버스 두 대는 아직 출발 전이다
앞 유리에 붙은 목적지를 확인하는 사이
어데 가시는데요
여자의 맑은 목소리가 들린다

내가 살던 성남을 잘 아는 그녀는 시를 쓴다며 명함을 건넨다

여름이 가기 전 처음 왔을 때 섬 구석구석을 구경시켜 주었다
소야도로 다리가 놓여 보너스 관광을 할 수 있었다
장성한 두 아들을 둔 억척으로 일한 그녀는
큰아들 내외가 공무원이란 자랑과 함께 작은아들 걱정이 한시름이다

내년에도 올 수 있을까
내 몸에 답 없는 물음표를 찍어본다
노을빛을 배경 삼아 그녀의 눈을 슬쩍 바라본다

생일

할아버지 할머니가 마루에서 해바라기 한다
빨랫줄에 제비 두 마리 앉아 있다
반세기 전 초가 시골집 풍경이다
한 놈이 지지배배 옆에 놈도 같이 씨부렁대며
날갯짓에 부리로 깃털 쪼는 놀음이 한창이다
할아버지가 그런 제비를 보라며
할머니 궁둥이를 철썩 때린다
제비가 갸우뚱거리며 둘을 바라본다

그때의 할머니 나이 된 아내가 아들 집에서
생일이 이틀 지나서야 온다는 전화가 왔다
가슴에 청진기를 대보는 청사진을 그려본다

관절 핑계로 라면 물이나 올려놓으라 할거나
향수에 젖었던 화살표가 찡그린 쪽으로 바뀐다
해가 아파트에 그림자를 드리운다

탑을 쌓고 허물고 구시렁대면서
발길은 어느새 버스 정류장으로 향하고 있다

거미와 사마귀

둘 다 상대의 죽음을 불러 먹고 살아가는 곤충이다
활 모양의 비닐하우스 대에
담쟁이와 호박 넝쿨이 친구가 되어준다
거미가 대 사이에 쳐 놓은 그물망에
뭘 사냥하다 사마귀는 걸려들었을까
오르려고 하는 사마귀는 거미줄에 점점 빠져든다
뒷걸음으로 내려오기를 바라지만
미물이 우리 인정을 어찌 알겠는가
곤충 하나의 죽음을 방조했다
손으로 잡아, 끌어내렸으면 살았겠지만
거미는 모처럼 걸려든 먹잇감에 웃고 있을 것이다
약한 것은 강자에 먹히는 이치
날개는 물론 다리도 움직임이 없다
나를 의식해 거미의 고맙다는 인사는 없다
한낮의 태양은 아는지 모르는지
세상은 공평하다며 햇빛을 내려보내고 있다

느티나무

채혈 번호표를 들고 앉아 있다
전광판이 내 동공을 먹어버렸다
구멍 뚫어 적을 소탕한 지가 일 년이 되었다
종적을 감추었는지 퍼질러졌는지
판결봉이 울리는 날이다

갑자기 허공에서 내리는 물체가 순간의 쉼을 준다
무얼까 위를 쳐다본다, 느티나무
손바닥에 낙엽이 올려진다
뛰는 심장에 소리 없는 울림
하필 왜 내 앞에 떨어졌을까
자연의 순리인데도 마음이 흔들린다
정성껏 신의 시험물을 닦아낸다
휴지는 색을 통하여 감정을 드러냈다
잠시 혼란스럽던 마음을 추스른다

분신 같은 그것을 고이 싸 주머니에 넣는다
휠체어에 목 떨군 저 사람 앞에 떨어졌더라면
그는 어떤 마음의 표정을 지었을까

마지막 담쟁이 잎 동화가 떠오른다
들고나는 사람 위해 있는 저 나무가
애태우는 우리 미움의 대상이라니

병원 문을 나선다
파란 하늘과 햇빛 바람이 나를 되찾아준다
시라도 쓰는 것이 다행이랴 싶어
시 소재를 떠올리며 버스에 오른다

모텔

수필이 쓰고 싶고
수필가가 되고 싶다면
모란역 9번 출구로 나가
수필이라는 모텔 간판을 찾아가라
수필 쓰기 쉽네
쉽다는 말이 함정임을 알았을 때
펜을 들어라

기다림

하수구 입구

"위험" 표지판이 붙어 있다

사람이 구부리고 들어갈 수 있는 큰 구멍으로

라일락 향이 들어간다

들쥐가 들어간다

들고양이 들어간다

발길 돌리려는 순간

발버둥 치는 쥐의 몸부림

라일락 향기에 취한 발걸음이 비틀거린다

긴 하루

지하철에서 죽음을 맞는 잠자리
뭐라 유언을 남긴다
아마도 저 아이 미워하지 말고
내 몫까지 잘 살아가라는 뜻 아니었을까

신기함이 싫증으로 변하며 괴롭혔을 것이고
죽을지도 모른다는 불안감에 당황할 때
민망한 엄마 손에 이끌리어 내렸을 것이다

시골 마당이 떠올랐다
옥수숫대나 바지랑대 두엄더미 위에
떼 지어 유희하며 어깨나 손등에 앉던 잠자리
구해줘야 한다면서도 후회만 두고
닫히려는 지하철 문을 빠르게 빠져나왔다
비겁한 놈이라고 나에게 욕을 퍼주었다

이런 곳에서 죽음을 맞으리라 생각도 못했을 잠자리
구둣발이 아닌 청소 아줌마의 손에

영혼이 거두어지길 걸음마다 되뇌었다

긴 하루였다

새 길

몇 년 만의 축령산 산행이었다
계단을 오르고 바위를 타고
철쭉꽃의 환영을 받으며
이팝나무가 나를 잡고 오르라며 마주 선다

바람이 등을 훑고 지나며 모발을 일으킨다
구름이 고맙고, 꽃에 반사된 빛이 꽃이 되고
정상에서의 늦은 점심은 산이 산을 떠나지 말란다

지친 몸이 하룻밤 자고 나니
종아리에 길을 내고 있다
팔십이 넘은 강사도 출강하는데
앉아 뭉기는 내 모습이 왜 그리 쓸쓸하던지

몸 위한다는 흔적은 남겼지만
오래도록 등산로가 되어
내 마음에도 새 길을 내고 있다

친구

아파트 창문으로 바라본다
이른 시간 초록의 숲

저 자연의 나무 한 그루
나와 같은 생각하는 나무 있을까

그런 친구 하나 갖고 싶다

태풍

잿간과 겸한 측간이 시골집 별채로 있었다
널빤지로 만든 큰 외짝 나무문이었다
여름밤 갑자기 우르릉 꽝 번쩍 하늘을 가른다
우지직 탕 우지직 탕 소리에 잠이 깼다
아랫목에 누운 할아버지는
저러다 남아나는 것이 없겠다며
철사를 갖고 가서 묶어 매고 오란다
낮에도 가고 싶지 않은 곳
가슴이 철렁 내려앉는다
어떻게 문고리 감아놓고 왔는지
폭우에 흠뻑 젖은 의복을 벗어버리고
이불 속으로 숨으려는데
긴 담뱃대로 놋재떨이를 땅땅 치며
사내놈이 그리 담력이 없어서야 어디다 쯧쯧
담뱃대에 성냥을 그어댄다
그때의 담력이 오늘까지도 벗어나지 못했다
한 핏줄 손자이기 때문이라면, 어폐는 아니겠지요

은행잎

나무에 붙어 있을 때는
엄마가 올려주는 물을 마시며 살았다
나무에서 바닥으로 등졌을 때는
먹을 것이 없는 두엄더미에 묻혀버렸다
달빛에 자태를 뽐냈을 때를 그리워하며
나를 엄마 몸에 매달려 있게 해 달라고 부르짖는다
엄마는 출가외인이라는 말만 되풀이한다

알전구

50년 전의 일이다
약 주문 받으러 출장 때 읍내 여인숙에 묵었다
옆방과의 경계, 벽 위에 공간을 뚫어 설치한 알전구를 볼 수 있었다
옆방에 손님이 없으면 문제가 없으나
있으면 두 손님이 합의로 풀어야 한다
둘이 다 피곤하여 일찍 자면 최상이다
한 사람이 할 일이 있다고 전등을 켜야 한다면
양보 아니면 언쟁이 생기고 주인을 찾게 된다
중개에 원만히 해결하면 탈이 없으나
그렇잖으면 고성이 오가고 다른 방의 손님까지도 끼어들게 된다
주문서와 장부를 맞추고 내일의 일정을 짜야 하는데
옆방에 양해를 구한다
잘되면 통성명도 하고 서로 잘 자라며 인사도 나눈다
휘황찬 모텔 간판을 바라보며 그때를 떠올려본다
편리함은 있을지 몰라도 더불어 살아간다는 말은

삭제 키를 눌러야 할 것이다

한데, 그런 여인숙이 지금에도 있다면 손님이 들거나

엉거주춤

버스를 타고 오다 신호에 걸렸다
아파트 담장에서 경비원이
오른발은 무릎을 기역으로 구부리고
왼발은 약간 뒤쪽으로 펴고 앉아
발을 바꿔가며 담배를 피운다
고개를 들어 담장 안을 살피고
앞과 뒤로 두리번 목운동을 한다
자세가 희한해 유심히 쳐다보고 있는 사이
그의 잔상이 집까지 따라왔다
괜한 조바심에 어떻게 끄고 어디에 버렸을까
나도 연병장에서 부대장 훈시 때
저렇게 엉거주춤 앉아 들은 적이 있다

쌀자루 의자

버스 운전사 의자가
오르락내리락 춤을 춘다
그걸 바라보다 추억이 불쑥 찾아온다
옛날 초등학교 다닐 때
천안에 사는 백부님 댁에 심부름으로
쌀자루를 메고 처음으로 기차에 올랐다

손님이 많아 통로에 놓고 그 위에 앉았다
기차가 흔들릴 때마다 덩달아 궁둥이를 흔들었다
내가 빨리 흔들면 기차가 빨리 달린다고
내릴 때까지 계속 흔들었다

그는 커서 기관사가 되고 싶었으나
철도고등학교를 못 나와
택시 운전을 했다

3부

그때가 언제일지 나는 모른다

싸락눈

창문을 닫고 나갔다 들어왔는데
아내가 내 방에 눈이 들어와 있다고 한다
맑은 날인데 어리둥절해 쳐다만 보고 있었다
그 말 한마디 던져 놓곤 말없이 나가버린다
곰곰이 생각해 보니 아차 머리가 끄덕여진다
바닥에 부스러기 눈이 많이도 떨어졌구나
눈 만드는 남자 신기하지 않은가
내 몸이 다 하면 내리지 않을 눈
그래도 알아주는 사람은 아내뿐이다
눈 구경 오라고 이웃집에 알릴까나
언제 들어왔는지 아내의 짜증이 섞인 말
발끝에서 목까지 크림이나 바르란다
그 눈은 주책이지 때도 없이 내리니
철부지 눈 잘 치울게요
탕 문 닫는 소리가 답이었다

지렁이

밟으면 꿈틀한다는 지렁이
맹산에서 흐르는 실개천 따라 교회에 간다
큰 지렁이 하나 인도에 죽어 있다
걷고 뛰는 사람 밟으면 하루 마음을 망칠까 봐
나뭇가지를 꺾어 둑으로 밀어낸다
아차,
죽은 줄 알았던 지렁이가 꿈틀하더니 움직인다
대수롭지 않은 일이 마음에 생기를 일으킨다
밟혀 죽을 미생물을 살렸으니 진정한 예배가 되겠네
잘 살아서 네 자손을 많이 퍼뜨려
자연을 숨 쉬게 하렴
오늘은 즐거운 주일 믿음을 잃어갈 때
지렁이가 나의 믿음을 지켜주었네

바다

그녀는 바다를 팔아 살고

방을 빌려주며 산다

그녀의 집은 산을 등에 지고

바다를 품고 있다

아들 둘은 인천 서울에 살고 있다

평생을 함께하겠다던 그는

하늘이 궁금하다며 일찍 떠났다

피서 오는 남정네들은 어떻게 사느냐며

빛 좋은 말로 떠보지만

뱃멀미하듯 그들을 보내버린다

철이 바뀌듯 비구름이 몰려오면

얼굴엔 파도가 일고 잠을 설친다

여름 한 철 그녀를 바쁘게 하지만

바다 품은 듯 지낸다

뱃고동이 멀리서 들려온다

엷은 웃음기를 띤 그녀는

차를 몰고 항구로 향한다

가슴속의 응어리는

손님들에 묻혀버려 잊는다 한다

그 말을 온전히 믿는 자는 아무도 없다
파도 소리에 묻혀 사라져버린다

망상

막걸리잔에 시가 들어있다는데
눈 치뜨고 들여다봐도 탁한 뜨물뿐
꿀떡꿀떡 행과 연을 마셔버렸다

가난에 몸을 사릴 무렵 밤
사촌 형 둘이 화로를 품고 앉아
놋양푼에 숭늉을 교대로 마셨다
양푼 비워갈 무렵
가라앉은 밥풀에 눈독이 들었다
손을 가져가니 어데 손을 대냐며 뿌리친다

행과 연이 모여 위벽을 긁어댄다
진통에 새 생명 탄생의 기대가 부푼다
꾸르륵 시큼한 냄새 풍기며 걸러낸 찌꺼기
빨리 내보내라고 다그친다

집으로 돌아오는 길
시를 발로 썼다

화풀기

뚝배기 된장찌개가 화가 치솟아
거품을 물고 있다
사람은 화가 나면
눈꼬리 올라가고 이맛살이 부채가 된다
폭발했던 찌개가 참선했는지
잔잔한 웅덩이가 되었다
두부, 호박, 파가
짙은 화장을 한 채 널브러져 있다
밥과 함께 게걸스럽게 퍼 넣었다
화 풀기 쉽네

네 걱정이나 해라

발목이 묶인 채 이불 덮고 굴로 들어간다
눈을 떠보니 초록빛뿐이다

가나다부터 소리 내어 보란다
사격하는 소리 탕
뱃고동 소리 통통
겨울날 설해 목 부러지는 소리 딱
이어 약 넣는다는 알림 소리
싸늘한 냉기가 몸에 들어온다

흰옷의 기사가 수고하셨습니다
검사기가 내 몸만큼이나 망가졌나 보죠
웃으면서 새것도 그런데요

오늘은 전립선 MRI
일주일 후에 결과를 보러 오란다
대기자 부르는 호명을 뒤로하고 병원 문을 나선다
이리 많은 사람은 어디가 아파서 오며
무슨 생각을 할까

어디선가 들려오는 소리
네 걱정이나 하거라

은행나무

마당가가 고향인 나는
할아버지의 빗자루에 두엄더미로 올려졌다
바람에 시달리던 어느 날
흰 눈이 내려와 축복해 주었다
그 복으로 빛을 잃었으며
콧대가 납작해졌다
잡동사니와 원하지 않는 친구가 되었고
모든 걸 내려놓았을 때는
워낭 소리가 나를 깨웠다
농부의 주름살을 펴려고 떠나는 나
책갈피에서 시 읽는 놈
약병에 담기어 우쭐대는 놈
도랑 나무뿌리에 걸려 운수 탓만 하는 놈
오늘도 엄마는 밭둑에 서서
이 자식들을 위해
우듬지로 하늘 궁둥이를 찔러대고 있다

나는 모른다

모기에게 물린 건 신문 사설을 볼 때였다
옛날 학생들은 고열로 결석하는 일이 잦았다
어른도 어려운 고비를 넘기면 학질을 떼었네 했다
요즘은 요물을 대비해 방충망을 쳐 놓는다
잠시 열려있던 문이 화를 불러왔다

사람을 무는 것은 암놈이 알을 까기 위해서란다
수컷은 식물의 수액을 빨아 먹고 살아간다
떠오른 '참을 인'자를 버리고 에프킬라를 잡는다
희열을 잠시나마 느꼈음을 용서 바란다

이놈들은 웅덩이나 하수구 쪽을 지나노라면
내쉬는 탄산가스를 따라 몰려온단다
수명이 두 달이라니 일찍 보냄이 안쓰럽지만
나 또한 살던 땅으로 돌아가야 할 때가 오겠지

그때가 언제일지 나는 모른다

깨달음

손톱 위에 하루살이가 눈알을 돌리게 한다
손가락으로 누르고 손바닥으로 쳐도
손목 주위를 맴돈다
읽던 책을 밀쳐버린다
쉼표 한 점이
온 마음을 사로잡는다
안경알 테두리가 옆으로 위로 떠다닌다
아차 망막 수술 날짜?

기지개

호수가 잠자고 있다
절 한 채도 졸고 있다

조깅하는 사람
라디오에서 흘러나오는 말
너 받았지, 안 받았다
코미디의 한 토막인가
양심을 버리는 부끄러운 세상
호수처럼 잠이나 자고 싶다

공양의 목탁 소리가 호수를 깨운다
흔적이 서서히 지워져 간다
파르르 떠는 양심의 물결이다

귀향길

일 년에 두어 번 고향에 갔다
노모의 향기 담긴 땀을 갖고 온다
뭘 이런 것까지 염치를 놓고 채워 온다

배고픈 시절 명절 차례 후 음복 차례
뭘 먹든지 작고 적다며 푸념하던 일
할아버지 두루마기 부지런히 따라가다
개천의 징검다리 달을 밟아
바짓가랑이 대롱 고드름
그래도 좋다고 흥얼거리던 일

누구네 자식 대처 나가 지게꾼과 같이 왔다는 소문
땅 파는 게 천직이라고 믿었던 젊은이들
가슴만 보름달같이 부풀리곤
초승달이 되도록 풀어지지 않던 일

달은 그대로인데 상처 난 마음은
가뭄에 논바닥같이 갈라졌다
가진 것은 달랑 두 쪽도 자식이라고

해 기울기 전에 얼른 가라며
노모의 정이 떼밀고 있다

노인이 젊어지는 길

할머니와 할아버지가 손잡고 공원을 걷는다

두 분만이 아니고 여럿의 짝이 걷는다
내 어렸을 적에는 동네에 잔치가 있거나 나들이할 때도
영감이 앞서고 아내는 떨어져 걸었다
세월 따라 많이도 변한 풍습이다

젊은 족이나 늙은 족의 모습을 보니 좋다
며느리나 손자들 모습을 닮아가는가 보다
나도 저렇게 걷고 싶다

꼬부라진 몸을 세 발에 의지한 채
뒤뚱거리는 게 안쓰러울 때
젊은 날의 내가 튀어나온다
어쩌다 가방을 들어주려면 눈총을 준다
마음 빚을 갚고자 하나 더 난처함을 준다
허공에 내 할 일을 했다며 쓴웃음을 짓는다

손잡고 걷지는 못하더라도
세 발로 잘 다니시게

추수

은행잎이 모델이 되어 떨어진다
내 귀에 뭔가 속삭이는 것 같다
너 나 보고 싶겠지 하고 묻는다

살며시 너뿐 아니라 다 좋아한다고 했다
그 말에 삐졌는지 흔들어 가며 떨어진다
나는 너의 아름다움을 보고 싶지만
너를 쓸어내는 것이 나의 일이란다

허공에서 갑자기 나를 부른다
그 노랑 잎은 살아서 모두의 눈을 즐겁게 했고
죽어가면서도 아름다움을 책 속에 선물하지 않았느냐
며칠이면 추수감사절이다

너는 무엇을 했느냐 말해 보거라
고개를 떨구며 빗자루 앞의 잎을 쳐다본다
일 년이 돼가도록 한 사람도 추수 못 했는데
무엇으로 감사를 한단 말인가

허공에선 말없이 낙엽만 떨어진다

질투

세 개의 다리가 인도를 걸어간다
그중의 하나가 살아온 삶이다
옷깃에 날아든 낙엽을 살포시 안아본다
보도블록 두드리는 소리로
잠자는 일상을 깨우고
땅이 얼었는데 춥지 않으냐
어머니까지 불러낸다
다리가 틈새에 꼈는지 헛디디면
손자도 잘 있고 평안하다며
재치 있게 넘긴다
먼저 간 시누이와 조카
이웃 친구 안부도 곁들인다
머리 흔드는 장단에 추임새까지 넣는다
가끔 허리 펴며 하늘 안부도 묻고
소식이 들리지 않으면
톡 똑똑 몇 번을 두드리고서야
응 이제 잘 들려
오르막에는 앞다리에 의지한 채
빨리 가야지

마음에 없는 푸념을 허공에 날린다
내일은 아끼던 며느리가 사다 준 스웨터 입고
영감 자는 뗏장에
성에가 생기지 않도록 밟아주러 가야겠다
다리 하나를 수건으로 정성스레 닦는다
오늘 고생 많았다며 쓰다듬어
신발 옆에 세워놓는다
두 다리가 질투하는지 아프다고 한다

옷

온 산이 푸르다
푸르다가 지쳐버리면
낙엽이 되겠지

나도 그럴 것이다

지금은 때맞춰 옷 갈아입지만
언젠가는 벗을 필요가 없는
흙 옷 한 벌

짝꿍

고전문학 강의 시간
기침이 나오는 걸 참으며 입을 막는다
얼른 물 잔을 전해준다
또 기침한다
달콤한 사탕 하나 넘겨준다
얼른 벗겨 입에 넣는다
하나도 지루하지 않은 시간이다
이런 날 같으면 학교 가기가 즐겁겠다
해가 한 뼘쯤 더 길어졌으면 좋겠다
네 시간 수업이 끝났다
다음 주에 만나요
손이 자꾸 흔들어진다

옛 초등학교 시절에는 짝꿍이 있었는지 기억이 없다

4부

문을 여니 봄이 왔다

유허비

태화산 안개가 묘소를 덮는다
약천藥泉 비파담琵琶潭을 걷는다
구만리 산 단풍이 입을 연다
농바위 보이는 목 좋은 곳에 낚시를 드리운다
숨어 있던 메기라도 잡혀라
비파는 지니지 않았다
담상희음潭上戲吟 한 수를 읊고 낚시를 거둔다
비야수琵琶沼 바라보며 물방아 다랑치에 눈길이 간다
유주柳州 우계遇溪 따라 지은 우산정사遇山精舍
함벽루涵碧樓 청은재淸隱齋 관란헌觀瀾軒 현판은 어디 갔나
문마다 자물통이 을씨년스럽다
마당에 모닥불 놓고 물고기 몇 마리 굽는다
겻불 옆에 앉아 대쪽 선비 이야기를 묻는다
변해도 너무 변했다며 별묘別廟로 간 약천 선생
솟을삼문, 일각문을 지나 안채, 사랑채,
약천은 보이지 않는다
문을 나서는데 유허비遺墟碑가 길을 막는다

"동창이 밝았느냐"가 예서 지어졌고
  팔십삼 세 하직 전 이십여 년을 살았다는 음기陰記
의 기록
  때마침 낙엽비가 유허비에 내린다
  비파담 물들이듯 마음만 부풀려 놓고
  약천은 도대체 어디로 갔는가

비단 주머니

외할머니는 비단 주머니가 있었다
언제나 겉치마를 젖히고
속곳에 매달아 있는 색깔도 좋은 주머니를 열어
꼬깃꼬깃 접혀 있는 마음의 돈 꺼내며
많이 못 주어 미안하다고 하셨다

자식의 외할머니 나의 장모님은 아흔이 넘으셨다
세뱃돈을 주실 때는 다 낡은 핸드백에서
만원 하나씩 나누어 주신다
액수만큼이나 마음도 밝으시다

저 애들은 옛날의 그 돈도 모르지만
받을 때 마음의 희열도 느끼지 못할 것이다
머리빗 버선 내복을 사고 곡식으로 주면
계산하고 남는 돈 받은 건가 보다

먼 훗날 외할머니는 비단 주머니에서 세뱃돈을 주셨다며
호들갑을 떨며 자랑할 손자녀를 위해

아내에게 비단 주머니를 차라 해야겠다

운전면허증

아직 치매 증상도 없는데
이름이 어떻게 되죠
생일은 언제고 어디 살며
왜 왔는지 알아요
입 벌리려는 순간 나는 나를 잃어버렸다

오던 길은 알겠는데
가는 길도 그 길인지는 아리송하다
내가 치매기가 있긴 있는 건가
치매 환자가 나 치매요 하지는 않을 터
궁둥이 들고 옮겨 타란다
이건 같은데
아, 이제 나를 찾았다는 느낌

지금부터는 엎드려 있어야 하며
앉아 있을 때도 고개를 푹 숙이고 있으란다
벽지가 잘 붙으려면 이걸 지켜야 합니다
칠십 년이 넘은 골방 공사라 그런가
별놈의 벽지 공사도 다 있구나 하는데

아버님 고생했습니다
백의의 천사 목소리
병원응급실이 떠올랐고
너덜거리는 벽지 떨어지면 큰일 나니
뛰면 안 된다며 걸음마 시범 보이던 흰 가운

애꾸눈을 면하게 한 것은
대형면허가 아닌 자가용 운전면허증이라면
어폐일까?

운전수 양반

버스를 탔다

내린다는 벨에 빨간불이 들어와 있다

여학생이 내릴 문 앞에 서 있다

버스가 그대로 움직인다

아저씨 문 열어 주세요

문 열어 주세요

기사님! 내가 크게 불러 본다

미안합니다 하며 문을 열어준다

옛날 시골에서 기사라고 부를 사람은

측량기사뿐이었다

어쩌다 어르신들이 버스에 타고 부르는 호칭

운전수 양반 내려요

사투리가 정겹다

우연한 일치

3층 예배당 영혼 구원의 말씀이 한창이다
예수 믿으십시오
구원받아 영원한 삶을 사십시오
창문 밖 메타세쿼이아 3층 집에 사는 까치가
은혜 받았는지 고개를 끄덕끄덕한다

교회와 까치집은 묘하게 삼 층이다
1층과 2층은 어린이 방으로 사용하지만
까치집은 1층도 2층도 비어 있다
까치가 울면 반가운 손님이 온다는데……

축도祝禱 끝나 바라보니
알았다는 듯 찍 허공에 글씨를 쓰고
전도하러 가는지 개천 넘어 맹산으로 날아간다

우리도 향기를 들고 발걸음을 재촉한다

영역

얼굴을 아래로만 씻어본다

지금까지 해오는 습관인데도 손이 말을 듣지 않는다
백내장 양쪽 수술 후 물이 들어가면 안 된다기에
막아보자는 자가 처방이다
머리를 짜 달래 보기로 한다
눈도 내 몸의 한쪽인데
잘못되면 온전하지 못할 터
손가락이 움찔거리더니 순순히 응해준다
시각장애인 손이 얼마나 딱한지를 가늠했나 보다
역행도 때론 세상일의 한 축이 되는 걸 알았다

수건으로 눈두덩부터 쓸어내린다
며칠간 하지 못한 세수를 한 것이다
밖을 보니 나뭇잎들이 선명하다
볼 수 없던 신문을 펼친다
작은 글자까지 눈이 빨아들인다
이렇게 잘 보이는 것을

세상에 소중한 것이 어디 이뿐이겠는가
잃어버렸다가 다시 찾은 미운 탕아 자식
고운 옷에 살찐 송아지 잡아 잔치했다는
늙어가며 배워간다는 건 이런 것일까

내친김에
남은 생애는 얼마인지 눈을 크게 뜬다
감히 내 영역을
건방진 놈

안부

외숙모가 가을 나뭇잎을 따라갔다
어죽을 끓이려 물고기 다듬는다
칼을 놓치더니 손을 놓았단다
너도 덩어리 도려내는 수술 했다기에
망설이다 전화기를 들었단다
섭섭하겠지만 구십을 눈앞에 둔 이별이라
편안히 보냈단다

너는 좀 어떠냐
수술 잘되었다는 소식 이종 편에 들었다
죽음 별것 아니더구나
심장 멈추면 낙엽이더라
텃밭에 겨울 지낼 무 배추가 늙은 몸을 재촉한다
일간 딸에게 담가 달라야겠다
너도 필요하면 전화해라
외숙모가 없으니 당장 아쉽구나

창문 밖 지는 단풍을 바라본다
저것이 몇 번이나 지고 날 때까지 있을 거나

잊고 지낸 조카가 떠오른다
녹봉 받는 직장이라 마음은 놓이지만
다리 절며 근무하기 힘들 텐데
양부모도 없고 장가도 못 갔으니
조석, 김장은 어찌하는지
몇 자 서신이라도 띄어야겠다
문방구 앞 우체통을 바라본다
한데 외톨이로 두고 먼저 간 누님에겐
어떤 소식을 어찌 담아 보낸다지

영종도

밀물이 나를 밀어내고 있다
갯벌에 찍은 발 낙관을 덮으며 뒷걸음친다
갈매기가 길을 안내하고 햇빛이 나를 재촉한다

아낙네들의 호미 끝을 피한 게들이
살았다며 술렁거리고
조개는 찢어지게 하품을 해댄다
뒷전에 밀린 낙오자같이
방파제에 몸을 누인다

낮게 들어오는 비행기
저속은 안위가 넘치고 치열은 없겠지
답답한 가슴을 쓸어내리며 눈을 감는다
알아들을 수도 없는 방언으로
떠들어대는 갈매기 떼

그런 곳은 천지에 없다고
날갯짓을 해댄다

아이러니

영숙과 수분은 사돈 간이다
성남에 살며 충청도가 고향이다
어머니는 103살, 장모는 100살이다
둘 다 치매를 앓고 있다
장모는 살아계시고
어머니는 81살에 돌아가셨다
아들은 82살이다
내가 어머니보다 한 살이 더 많다니
어찌 이런 일이

솥뚜껑 손

몸살 기운에 들어오자마자 자리에 누웠다
생을 달리한 그 누구도 없는데
곡소리 지르며 앓았다

누군가 희미한 손 하나 불쑥
요 밑에 넣고 차지 않느냐 묻는다
아니, 하늘나라 먼 곳에서
어떻게 오셨는지요
잠자리에서 깨어보니 몸은 땀범벅이다

내일은 병원에 꼭 가야겠다고 되뇌었는데
옛날 아픈 배 문지르던 약손이 생각났다
그러고 보니 어젯밤 잘 돌아가셨는지
서쪽 하늘을 쳐다본다

그 옛날 구부정한 할머니와 꼭 닮은 몸 하나
툭툭 자리를 털고 일어나 앉는다
이마를 짚어보니 이미 누군가의 손이
다녀간 뒤끝처럼 시원하다

속죄

아흔 살을 넘긴 장모님을 뵈면
아내와의 햇수가 들어 있고
대죽리 죽방렴 어업이 나를 비춰주고 있다
첫 아이가 아내 배에서 발길질하고 있을 때
외할아버지 될 장인은 외손주도 못 보고
무엇이 그리 급했는지 서둘러 가셨다
아내는 슬픔을 드러내지 못하고
애매한 배만 쓸어내리고 눈물로 아버지를 부른다
아내는 오히려 위로받는 처지가 되었고
나는 뭐가 뭔지 모를 일에 당황했다

아버지 없이 새로운 아버지가 생겼다는 희망에
마음이 든든함을 떠올렸던 일이
물거품이 되어 꿈을 버려야 했다
지지리도 복도 없는 놈이라고
소주를 뱃속에 들어부었다
기억도 없는 아버지에 장인까지 잃다니
장모에게 술에 취해 응어리를 풀었다
오십여 년이 지난 오늘 퇴원하여 오던 날

인사드리며 장모님 얼굴을 바라본다
그때의 기억이 나시느냐고 물었다
기억이 없다고 하신다

사위도 자식이라고

봄

손녀가 창문에 호호 불고
자기 얼굴이 보이지 않자
손가락으로 봄이라고 썼다
문을 여니 봄이 왔다
쑥 민들레 화단을 정리하는
경비 아저씨에게도 봄이 왔다
내 몸도 풀어져 움트듯
봄이 온다면
그런 날이 오기는 올까
새벽잠을 설치어 졸고 있는 한낮
할머니 봄이 왔대요
얼른 나와 보세요
이웃 아낙네 씀바귀 씹은
거무스름한 봄의 입술

봇뜰 이야기 - 보평역에서

물방개 한 마리 새끼 업고 보洑를 건넌다
보에 담긴 물은 레일을 따라 반짝이고
물길을 질주하는 선로 너머로 마을 후미가 환하다
고진古陳에서 고속도로를 가로질러 온 보평洑坪*
교회 낡은 첨탑이 마을 이야기에 한창이고
부채각의 구름다리를 건너면
성산의 안개 너머로 신선이 거니는 화폭이다
봇물에 우렁이가 모를 키우고
뜸부기 울음이 풍년가로 들려오는 곳
이 들녘은 경안천을 품에 안은 봇뜰
보에 나룻배나 띄워 재잘대는 아이들과 흥겹게 놀면
보평이 어디냐 입소문 듣고 몰려올 텐데
구미 당기는 구경도 보평역에 내려야 한다

* 보평(洑坪): 보(洑)와 들판의 뜻으로 봇뜰이라 함.

새우젓

아침 산책길을 가다 보니
바닷가에 있어야 할 새우젓이
길에 퍼져 있다
가랑비가 살살 내리는 천변
누가 사서 가지고 가다 쏟았나
냄새는 없는데 한 무더기가 있다
그걸 보니 옛날 장항선 기차를 타다 보면
고무대야에 새우젓 한가득 머리에 이고
타는 아주머니들이 있었다
그 냄새가 배어 장항선 기차는
광천 새우젓이 다 버린다고 했다
그 귀한 젓갈이 어찌 통용되었는지 모르나
하도 이상해 가까이 들여다보니 웬걸
아카시아꽃이 모여 비로 인해
한쪽으로 모여 있는 것이
잘 삭은 새우젓으로 보인 것이다
증거가 없으니 이를 어쩌나
혹 증거는 없지만
그리 볼 수도 있겠다면 정상이라 할까

민들레

덕수궁 돌담길
담장과 보도블록 틈새 역사가 숨 쉬는 곳
민들레 한 송이 웃고 있다
간직한 숨결을 안다는 듯 희비를 향기에 담아낸다
지나는 사람 말없이 둘러만 보고 간다
아관파천 치욕스러운 고종의 길
여성 개화기의 산 곳 이화학당
어디 하나 그냥 지나칠 수 없는 숨결이 잠든 곳
너는 모르겠지만 여기에 오게 한
너의 뿌리에 뿌리는 알 것이다
위를 보면 역사의 담장이요 밑을 보면 발자취다
깊은 뜻을 알고 발걸음을 잡아당기는 너
오늘 내일도 네가 웃고 있는 이곳을
정동 전망대에서 몇백 년을 더듬어 본다
너의 이 보금자리가 살아 있는 기쁨을 주다니
살아 숨 쉬는 조상의 넋과 함께 누려 보자
민들레야

해설

삶과 시의 초심과 경륜에서 우러나는
진솔한 감동과 도량

이경철 (문학평론가·전 중앙일보 문화부장)

"온 산이 푸르다/ 푸르다가 지쳐버리면/ 낙엽이 되겠지// 나도 그럴 것이다// 지금은 때맞춰 옷 갈아입지만/ 언젠가는 벗을 필요가 없는/ 흙 옷 한 벌"

-「옷」전문

쉽고 솔직해서 감동적으로 더 잘 읽히는 서정시편

김어영 시인의 두 번째 시집 『머위 잎 속의 식구들』은 참 쉽고도 재밌게 읽힌다. 더할 것도 뺄 것도, 높일 것도 낮출 것도 없는 마음 그대로를 진솔하게 드러내고 있다. 그래서 누구든 읽고 고개 끄덕이며 빠져들 수밖에 없게 한다.

그런 김 시인의 시편들을 읽다 보면 시가 무엇인지 다시 묻게 한다. 그만큼 적잖은 시인들이 도외시해오고 있는 시의 기초며 본질이며 효험에 삿된 생각 없이 충실하기 때문이다.

시의 요체는 서정敍情이다. 문자 그대로 살며 부대끼며 느낀 정을 그대로 풀어놓는 것이다. 동양 최고의 시선집 『시경詩經』을 엮으며 공자가 시를 한마디로 정의한 '사무사思無邪'처럼 삿된 마음 없는 정을 풀어놓아 많은 사람을 감동하게 하는 것이 시다.

　그런데도 요즘 나오고, 대접받는 적잖은 시편들은 너무 삿되다. 개성만을 중뿔나게 내세워 너무 어려우니 감동이 있을 수 없다. 시인 자신이 아니라 타자他者니 페르소나 등 헛것의 거짓 자신을 내세워 진솔하지 않으니 독자들이 그런 시에 수긍하겠는가. 그래 날로 독자를 잃어가고 있는 작금의 시단에서 김 시인의 시편들은 쉽고 솔직해서 감동적으로 잘 읽혀 좋고도 귀중하다.

　그런 솔직하고 쉬운 김 시인의 이번 시집 시 세계를 잘 드러내고 있어 맨 위에 인용해놓은 시「옷」을 보시라. '나도 그럴 것이다'라며 너와 나는 물론 대자연과 한마음 한 몸이 돼가고 있는 시 아닌가. 노년의 시인이 푸르른 대자연을 바라보는 서정적 풍정風情에 한세상 잘 살아내며 자연에 순응하는 자세가 그대로 읽히며 감흥을 불러일으키지 않는가.

　한세상 잘 살아낸 김 시인은 금세기인 21세기 들어 시

공부 부지런히 하며 시인으로 등단했다. 2010년에 첫 시집 『청춘이 밟고 간 꽃길』을 펴내며 일상과 자연과 순하게 교감하는 가장 한국적인 서정시인이란 평을 들어오고 있다.

김 시인뿐 아니라 지금 우리 시단에는 정년을 바라보며, 또는 넘기고 시단에 나온 늦깎이 시인들이 참 많다. 그래 20, 30대 맞춤한 나이에 등단해 활동하고 있는 시인들을 '선先시인', 그런 늦깎이 시인들을 '후後시인'이라 부르기도 한다.

사춘기 시절 누구든 한 번은 꿈꿨을 시인의 길로 한세상 잘 살고 나서 들어선 후시인들은 선시인들이 이제는 너무 멀어진 시의 정석, 시의 초심, 시의 존재 이유에 대한 구심력으로서의 큰 힘을 발휘하고 있다. 김 시인처럼 삿된 욕심 없이 서정을 풀어내며 시의 시다움, 시의 시성詩性을 지켜내고 있다.

"손녀가 할아버지 등에 손가락으로 쓴다/ 보리싹 같은 감촉/ 재미있다는 듯 깊이도 쓴다// 할아버지의 등에 혼미가 찾아온다/ 각질이 무디어진 탓일까/ 염전의 갈라진 등을 태양이 잠식하고 있다// 지난여름 모래 위에 쓰고 지우던/ 어지러운 마음,/ 밀물이 가져갔

는지 깨끗하다// 그새 일 년이 가버렸구나/ 눈 감으면
　　가슴에 파도가 밀려온다"

-「밀물」 전문

　삶의 정감과 덧없음을 참 감각적으로 잘 풀고 다듬어 놓은 시다. 몸으로 직접 느낀 감촉이어서 더욱 생생한 실감이 그대로 전해온다. 할아버지의 늙은 등을 긁어주는 어린 손녀의 손가락 감촉을 '보리싹', 그 여리고 푸른 이미지로 잡아내는 공감각이 아주 신선하게 느껴지는 시다.

　촉각과 시각 등 오감이 어우러진 그런 공감각은 염전과 바다 등 대자연으로 확장돼가며 우리네 삶도 자연의 순리임을 실감케 하고 있다. 그러면서 '혼미'하고 '어지러운 마음'이라는 관념마저도 파도가 밀려와 쓸어가는 글씨로 이미지화하며 깨끗이 정화하고 있다. 등을 긁어주는 손녀의 손가락 감촉이 자연스레 지난여름 바닷가 모래 위에 손가락으로 쓴 글자들의 감촉을 떠오르게 하며 이렇게 깔끔한 서정시를 낳고 있는 솜씨가 가식 없이 참 깨끗하게 들어오는 시다.

　　"손녀가 창문에 호호 불고/ 자기 얼굴이 보이지 않

자/ 손가락으로 봄이라고 썼다/ 문을 여니 봄이 왔다/
쑥 민들레 화단을 정리하는/ 경비 아저씨에게도 봄이
왔다/ 내 몸도 풀어져 움트듯/ 봄이 온다면/ 그런 날
이 오기는 올까"

-「봄」부분

　가식이라고는 찾아볼 수 없이 참 깨끗한 시다. 언어도 그렇고 시를 쓰는 마음도 그렇다. '봄'이라고 쓰면 그대로 봄이 되는 언어다. 시는 이렇게 소통이나 생각의 도구로서의 언어가 아니라 말이 그대로 또박또박 실재가 되는 언어로 써야 하는데 얼마나 많은 시편이 가식과 치장의 언어를 쓰고 있는가. '낯설게 하기' 등의 시적 수사로 시인도 속고 독자도 속이며 자폐증에 빠져들고 있는가.

　그런 시편들에 비해 위 시를 보라. 언어들이 그 최초의 의미에 얼마나 충실한가. 그런 언어들이 세상을 낳고 시인의 솔직한 마음을 낳고 있지 않은가. 참 쉽고도 감동적으로.

"하수구 입구/ '위험' 표지판이 붙어 있다/ 사람이
구부리고 들어갈 수 있는 큰 구멍으로/ 라일락 향이
들어간다/ 들쥐가 들어간다/ 들고양이 들어간다/ 발길

돌리려는 순간/ 발버둥 치는 쥐의 몸부림/ 라일락 향기에 취한 발걸음이 비틀거린다"

-「기다림」전문

짧은 시인데도 울림이 큰 시다. 일상의 한 장면을 역동적으로, 인상적으로 잡아내며 시인 자신을 온몸으로 내던지고 있어 다시 한번 더 읽게 만드는 시다.

우리도 일상에서 위험 표지만이 붙은 하수구를 종종 봤을 것이다. 잘못하면 빠질 수 있는 그런 하수구에서 시인은 실존의 발버둥 치는 생생한 현장을 역동적으로 봐내고 있다. 들쥐며 고양이는 물론 라일락 향기 등 삼라만상 삶의 현장을 참 넉넉한 서정으로 압축해 잡아내고 있다. 아무리 발버둥 치고 몸부림치는 삶일지라도 '라일락 향기에 취한' 시인의 넉넉한 서정이 죽음마저 껴안을 정도로 우리네 삶을 멋지고 여유롭게 하는 시다.

"그녀는 바다를 팔아 살고/ 방을 빌려주며 산다/ 그녀의 집은 산을 등에 지고/ 바다를 품고 있다/ 아들 둘은 인천 서울에 살고 있다/ 평생을 함께하겠다던 그는/ 하늘이 궁금하다며 일찍 떠났다/ 피서 오는 남정네들은 어떻게 사느냐며/ 빛 좋은 말로 떠보지만/ 뱃멀미하듯 그들을 보내버린다/ 철이 바뀌듯 비구름이 몰려오면/ 얼굴엔 파도가 일고 잠을 설친다/ 여름 한 철 그녀를 바쁘게 하지만/ 바다 품은 듯 지낸다/ 뱃고동이 멀리서 들려온다/ 엷은 웃음기를 띤 그녀는/ 차를 몰고 항구로 향한다/ 가슴속의 응어리는/ 손님들에 묻혀버려 잊는다 한다/ 그 말을 온전히 믿는 자는 아무도 없다/ 파도 소리에 묻혀 사라져버린다"

-「바다」전문

 산을 등진 바닷가에서 민박집을 꾸려가며 홀로 사는 여인네를 소재로 한 시다. 그런 여인네의 삶을 들여다보는 시인의 시선이 따뜻하고 정겹다. 뭐 딱히 특별할 것도 없는 삶을 어떤 수식도 붙이지 않고 그대로 바라보며 풀어가고 있다.

 그래 그런 여인네 삶이 우리 모두의 인생인 양 그대로 솔직하게 들어오고 있는 시다. 이런저런 소문들과 '가슴속의 응어리' 다 바다 파도 소리가 쓸어가 버리는 게 결국은 우리네 삶 아니겠는가. 응어리도 그렇게 자연스레, 순하게 풀어내는 시인의 삶의 경륜이 자연스레 독자들에게 전해지는 시다.

 이렇듯 이번 시집에 실린 시편들은 솔직해서 좋다. 일상에서 우러난 정, 느낌 등을 가식 없이, 별다른 시적 수사 없이 자연스레 드러내서 좋다. 삶의 경륜이 생생하게 녹아든 솔직한 자연스러움이 그 어떤 시적 기교나 수사보다 더 쉽고 감동적으로 독자에게 다가갈 수 있음을 김 시인의 시편들은 잘 보여주고 있다.

오늘의 일상에서 역동적으로 우러나와 신선한 '노년 시'

 "아내가 온몸이 아프다 한다/ 찜질방에서 지졌다면서,/ 뭔 소리냐고 물었다/ 아들딸네로 쉴 참 없으니,/ 그도 그럴 것/ 마사지사를 자청해 본다// 목덜미로 손을 가져가니 파스가 붙어 있다/ 옆구리 양쪽에 두 개씩/ 등을 주무르려니 도배를 했다/ 이게 다 누구 때문인지 아느냐고 묻는다/ 새끼들 탓이지 왜,/ 목구멍까지 차오른 말을 꿀꺽 삼킨다/ 또 시작이다 싶어/ 종아

리를 더듬는데 예외가 없다// 오늘따라 달이 밝다/ 손
끝이 파르르 떨리는데/ 아내의 속살은 미동이 없다/
한 이불로 살았는데 마음을 읽을 수 없다니/ 마사지
사의 허탈한 넋두리다// 저러다 파스 수의壽衣 준비하
는 건 아닐런지"

-「파스」전문

 노인 부부 일상의 한 장면을 다룬 시다. 아프다, 사랑한
다, 갈 날이 얼마 안 남은 노인네 삶 참 고되고 서럽다는 등
의 아무런 말이나 주장 없이 담담히 한 장면만을 내비치고
있어 되레 노인의 일상과 심사가 그대로 들어오는 시다.
 이번 시집에는 시인이 노령인지라 이렇게 '노년시'로 읽
을 시편들이 참 많다. 노년을 다루면서도 주의, 주장을 내
세우지 않아 소위 '꼰대' 의식을 찾아볼 수 없어 좋다. 또
추억이나 회고의 과거를 되뇌지도 않고 오늘의 일상에서
자연스레 쓰고 있어 신선하게 읽힌다.

"전철 안에 노인들이 많기도 하다/ 경로석은 말할
것도 없고, 일반석에도 꽉 찼다/ 한 잔 먹은 젊은이들
이 우르르 들어온다// 한 젊은이 왜 이리 노인네가 많

지/ 젊은이들 어깨 등허리 성할 날이 없다니까/ 이러니 코레일이 적자라며 큰소리친다// 마음 삭이던 노인 하나 죄송하다며 머리 숙인다 (중략)// 땅 일구어 너희 가르쳤고/ 공장에서 매연 마시며 밤새워 일했으며/ 이국 나라 갱도에서 검은 칠로 세수했고/ 목숨을 담보로 파병해 싸웠으며/ 중동의 뙤약볕에서 땀방울로 목욕해 가며 벌어/ 살기 좋은 나라 만들어 놨구먼// 지게질에 허리가 굽어 서지를 못해 지팡이에 의지하고/ 방구들 지면 못 일어날까 봐/ 세상이 어찌 돌아가고 변해가나 들러보러 승차했다고"

―「침묵」 부분

 노인들이 많이 탄 그 흔한 전철 풍경을 다루고 있는 시다. 경로우대로 무임승차한 노인네들을 비난하는 젊은 세대, 그래서 세대 간의 갈등을 불러일으키는 현장을 있는 그대로 보여주고 있는 시다.
 시인도 노년인지라 아무래도 노년 세대를 옹호하고 있다. 제목 '침묵'에도 드러나듯 침묵을 지키고 싶지만 무임승차하는 노인 세대를 비난하는 젊은 세대에 대해 '죄송하다며 머리 숙이고' 항변하고 있다. 시인의 이런 겸허한 자세가 그 항변을 더욱 진정성 있게 전하게 한다.

> "물방개 한 마리 새끼 업고 보洑를 건넌다/ 보에 담긴 물은 레일을 따라 반짝이고/ 물길을 질주하는 선로 너머로 마을 후미가 환하다/ 고진古陳에서 고속도로를 가로질러 온 보평洑坪/ 교회 낡은 첨탑이 마을 이야기에 한창이고/ 부채각의 구름다리를 건너면/ 성산의 안개 너머로 신선이 거니는 화폭이다/ 봇물에 우렁이가 모를 키우고/ 뜸부기 울음이 풍년가로 들려오는 곳/ 이 들녘은 경안천을 품에 안은 봇뜰/ 보에 나룻배나 띄워 재잘대는 아이들과 흥겹게 놀면/ 보평이 어디냐 입소문 듣고 몰려올 텐데/ 구미 당기는 구경도 보평역에 내려야 한다"
>
> −「봇뜰 이야기− 제2의 고향」 전문

 부제로 붙은 '보평역에서'처럼 용인 시내를 가로질러 달리는 용인경전철 보평역을 다룬 시다. 보평洑坪은 한강의 지류인 경안천이 흘러드는 기름진 땅으로 예부터 '봇뜰'로 불리며 풍년가를 부르던 곳이다. 지금은 도시화 돼 아파트가 들어서고 천변엔 전철이 달리고 있다.

'제2의 고향'이라며 시인이 지금 살고 있는 곳을 읊은 향토시로 읽힐 수 있다. 그런 애향시면서도 보평의 옛 농촌 풍정과 현재의 신도시를 함께 떠올려 추억이나 회상에만 매몰되지 않고 현재화하고 있어 더욱 그립고도 신선하다. 그래 누구든 '안개 너머로 신선이 거니는 화폭' 같은 그곳을 한번 찾게 하는 시로 읽힌다.

"치매가 현관문으로 들어왔다/ 어머니는 입을 봉했지만, 농간질에 넘어갔다.// 현관문에 자물통을 매달게 된 건/ 낭떠러지 같은 계단에서 어머니를 찾았을 때부터다/ 이 층에서의 가파른 층계와 도로 건너까지/ 궁둥이를 발판 삼아 뭉기어 간 곳/ 젊은 사람도 오르기가 어렵다는 계단이다// (중략)/ 욕창까지 겹쳐 방구들을 벗어날 수 없을 때/ 손가락으로 벽에 수없이 써 내려가던 문장/ 자식이 살아갈 십계명이었을까// 때도 개나리가 활짝 폈던 이맘때였다"

-「이맘때」부분

개나리가 활짝 핀 봄날 어머니를 추모하는 사모곡思母曲으로 읽힐 수 있다. 제목처럼 '이맘때'라며 치매를 앓던 어머니의 과거와 그런 어머니를 추억하는 현재 시인의 심경을 겹쳐놓고 있다.

그러면서 '치매가 현관문으로 들어왔다'고 첫 행부터 현재 시제로 나가며 치매를 긴박하게 현재화해 놓고 있다. 시인도 그런 치매를 염려하며 걸렸을 때 어머니처럼 '자식이 살아갈 십계명'을 써놓고 부담 없이 깨끗이 갈 것이라는 각오를 떠올리게 하며 어머니에 대한 정을 더욱 깊이 새기고 있는 시다.

한세상 잘 살아낸 도량이 자연스레 묻어나는 시편들

"뚝배기 된장찌개가 화가 치솟아/ 거품을 물고 있다/ 사람은 화가 나면/ 눈꼬리 올라가고 이맛살이 부채가 된다/ 폭발했던 찌개가 참선했는지/ 잔잔한 웅덩이가 되었다/ 두부, 호박, 파가/ 짙은 화장을 한 채 널브러져 있다/ 밥과 함께 게걸스럽게 퍼 넣었다/ 화 풀기 쉽네"

-「화 풀기」전문

부글부글 끓어오르는 뚝배기 된장찌개를 맛있게 먹으며 쓴 시다. 식사할 때 시인도 분명 이런저런 부당한 세상사, 인간사에 화가 치밀었을 것이다. 그런 화를 잘도 삭이며 풀고 있다.

일상 먹는 찌개에서 얻은 시적 발상이어서 실감이 자연스레 전해지는 시다. 무엇보다 '화 풀기 쉽네'라는 마지막 행의 재밌으면서 경륜에서 우러난 너그러운 자세가 돋보인다. 이처럼 이번 시집에는 시인의 폭넓고도 깊은 경륜이 자연스레 풀려나와 삶을 삶답게 하는 시편들도 적잖이 눈에 띈다.

"지하철에서 죽음을 맞는 잠자리/ 뭐라 유언을 남긴다/ 아마도 저 아이 미워하지 말고/ 내 몫까지 잘 살아가라는 뜻 아니었을까// 신기함이 싫증으로 변하며 괴롭혔을 것이고/ 죽을지도 모른다는 불안감에 당황할 때/ 민망한 엄마 손에 이끌리어 내렸을 것이다// 시골 마당이 떠올랐다/ 옥수숫대나 바지랑대 두엄더미 위에/ 떼 지어 유희하며 어깨나 손등에 앉던 잠자리/ 구해줘야 한다면서도 후회만 두고/ 닫히려는 지하철 문을 빠르게 빠져나왔다/ 비겁한 놈이라고 나에게

욕을 퍼주었다// 이런 곳에서 죽음을 맞으리라 생각도
못 했을 잠자리/ 구둣발이 아닌 청소 아줌마의 손에/
영혼이 거두어지길 걸음마다 되뇌었다// 긴 하루였다"

-「긴 하루」 전문

  시인과 어린이와 잠자리, 그리고 과거와 현재가 길게 현재진행형으로 나가고 있는 시다. 서정시학의 양대 요체인 너와 나는 하나라는 '동일성의 시학'과 과거의 추억과 현재, 그리고 미래의 예감이 현재진행형으로 드러나는 '순간의 시학'이 순하게 겹치는 시다.

  잡아서 실컷 가지고 놀다 죽게 했던 잠자리를 매개로 서로서로 미안하고 용서하는 마음, 삼라만상에 만연한 측은지심惻隱之心을 자연스레 불러일으키고 있다. 특히 한 행 한 연으로 잡으며 종결한 '긴 하루였다'가 우주에 미만한 대자대비한 마음을 한없이 길게 각인해 주고 있다.

"밀물이 나를 밀어내고 있다/ 갯벌에 찍은 발 낙관
을 덮으며 뒷걸음친다/ 갈매기가 길을 안내하고 햇빛
이 나를 재촉한다// 아낙네들의 호미 끝을 피한 게들
이/ 살았다며 술렁거리고/ 조개는 찢어지게 하품을 해

댄다/ 뒷전에 밀린 낙오자같이/ 방파제에 몸을 누인다// 낮게 들어오는 비행기/ 저 속은 안위가 넘치고 치열은 없겠지/ 답답한 가슴을 쓸어내리며 눈을 감는다/ 알아들을 수도 없는 방언으로/ 떠들어대는 갈매기 떼// 그런 곳은 천지에 없다고/ 날갯짓을 해댄다"

-「영종도」전문

제목처럼 영종도 섬에 가 갯벌을 거닐며 그곳의 풍광과 심사를 풀어놓은 시다. 그곳 밀물과 갯벌과 갈매기와 햇빛과 게와 조개 등과 온몸의 감각과 마음으로 하나가 돼가고 있다. 바닷가의 망중한이면서도 지나온 삶의 경륜이 부지런하게 묻어나고 있는 시다.

험난한 세상 용케도 살아낸 경륜이 호미 끝에 잡혀가지 않은 게들의 술렁거림과 조개들의 하품에 그대로 드러나고 있지 않은가. 그런 세파마저도 너그럽게 끌어안는 여유와 해학이 배어 있지 않은가.

그러면서 인근 인천공항에 착륙하기 위해 낮게 나는 비행기를 쳐다보며 그 안에 탄 사람들의 '안위'도 떠 올려 보지만 이 고통의 바다, 푹푹 빠지는 갯벌 같은 세상에 안위는 그 어디에도 없음을 확인하고 있기도 하다. 그런 안위는 바로 넓은 아량의 마음에 있음을 지난한 삶의 체험을 통해 드러내고 있는 참 좋은 서정시 편으로 읽힌다.

> "내년에도 올 수 있을까/ 내 몸에 답 없는 물음표를 찍어본다/ 노을빛을 배경 삼아 그녀의 눈을 슬쩍 바라본다/ 시야가 확 트인다/ 그새 바다는 장판 무늬같이 잔잔하다/ 엊그제 들어올 때 넘실대던 파도는 굴곡의 삶을 보는 것 같았다// 바다가 보고 싶은 마음에 인천의 연안부두에 갔다/ 바로 출항하는 배표를 구해 여객선에 올랐다/ 지나는 섬들과 눈을 맞추다 덕적도항에 뒤처져 내렸다/ 버스 두 대는 아직 출발 전이다/ 앞 유리에 붙은 목적지를 확인하는 사이/ 어데 가시는데요/ 여자의 맑은 목소리가 들린다// 내가 살던 성남을 잘 아는 그녀는 시를 쓴다며 명함을 건넨다/ 여름이 가기 전 처음 왔을 때 섬 구석구석을 구경시켜 주었다/ 소야도로 다리가 놓여 보너스 관광을 할 수 있었다/ 장성한 두 아들을 둔 억척으로 일한 그녀는/ 큰아들 내외가 공무원이란 자랑과 함께 작은아들 걱정이 한시름이다// 내년에도 올 수 있을까/ 내 몸에 답 없는 물음표를 찍어본다/ 노을빛을 배경 삼아 그

녀의 눈을 슬쩍 바라본다"

-「물음표」 전문

　같은 바닷가, 같은 여인이 나와 앞에서 살펴본 시「바다」와 자매 편으로 읽어도 좋은 시다. 연애의 순정에는 변함이 없는 것이다. 노년의 아주 깨끗하고 빼어난 연시戀詩로 읽힌다.

　처음과 시작이 같은 현재이고 가운데 과거가 들어간, 수미상관首尾相關 식으로 시를 구성했다. 처음 섬에 들어가 만난 여인도 시를 쓴다 해서 같은 시인으로서 인연을 가졌나 보다. 그때 처음 본 아무 사심 없이 깨끗하면서도 살뜰한 이미지가 처음과 끝을 같게 함으로써 계속되고 있음을 볼 수 있다.

　무엇보다 '내년에도 올 수 있을까/내 몸에 답 없는 물음표를 찍어 본다.'며 시작과 끝을 맺고 있어 독자들의 가슴을 찡하게 울린다. 노년에도 이런 청순하고 절절한 연심이 있는가 하고.

　　"아파트 창문으로 바라본다/ 이른 시간 초록의 숲//
　　저 자연의 나무 한 그루/ 나와 같은 생각하는 나무 있을까// 그런 친구 하나 갖고 싶다"

-「친구」전문

 짧아서 좋은 시다. '갖고 싶다'고 욕심을 부리고 있지만 욕심 없이 겸손해서 좋다. '자연의 나무 한 그루'와 같은 생각을 하며 자연이 돼가고 있는 시다. 시로서 이만하면 족하지 않겠는가.

 이처럼 『머위 잎 속의 식구들』에 실린 시편들에는 욕심이나 사심이 없어서 좋다. 한세상 잘 살아낸 노년의 눈에 비친 세상과 심사가 순하게 드러나며 감동을 주고 있다.

 최고 수준의 장인이 빚어낸 예술품이나 장식용 백자나 청자가 아니라 향토 생활 속에서 그대로 우러나서 그대로 잘 쓰이는 질그릇 같아서 참 좋다. 별쭝난 기법보다는 세상과 그대로 순하게 어우러지게 하는 자연스러운 기법이 시에서는 훨씬 웃질이라는 걸 김어영 시인의 좋은 시편들은 다시금 확인시켜주고 있다.

시인의 말

강산이 변한다는 세월이 지나 두 번째 시집을 내놓는다.
살아오며 겪었던 삶의 글이다.

2024년 가을
김어영

김어영
충남 예산 출생.
홍성고등학교 졸업. 한국 방송대학교 국어국문과 졸업.
2007년 『용인 문학』 신인상 등단. 시집 『청춘이 밟고 간 꽃길』.
성남탄천문학회. 용인문학회. 한국크리스천문학가협회 회원.
E-mail: rladjdud0725@naver.com